CATALOGUE

ESTAMPES

ANCIENNES ET MODERNES

COLLECTION THÉATRALE

Architecture, Scènes, Décorations
Costumes de théâtre, Portraits d'acteurs, d'actrices
danseuses, musiciens, auteurs dramatiques

DE LA VENTE DE M. J. DE FILIPPI

DESSINS ANCIENS

Provenant des ventes GASC

DONT LA VENTE AURA LIEU

Après décès de M. DURAND-DUBOIS aîné

HOTEL DES COMMISSAIRES - PRISEURS

RUE DROUOT, 5, SALLE N° 7

AU PREMIER ÉTAGE

Les Jeudi 4 et Vendredi 5 Juillet 1872

A UNE HEURE PRÉCISE

Par le ministère de M° **CHARLES OUDART**, Commiss.-Priseur,
rue Le Peletier, 31,

Assisté de **M. VIGNÈRES**, Marchand d'Estampes,
rue de la Monnaie, 13, à l'entresol,

CHEZ LEQUEL SE DISTRIBUE LE CATALOGUE

PARIS — JUILLET 1872

ORDRE DES VACATIONS

CONDITIONS DE LA VENTE

L'ordre du Catalogue sera suivi.

Elle sera faite au comptant.

Les Acquéreurs paieront CINQ POUR CENT en sus des enchères.

Les attributions des Dessins sont celles indiquées sur les montures écrites par M. Gasc.

M. VIGNÈRES, dirigeant la vente, se charge des Commissions.

NOTA. Toute commission sans prix fixé ou sans limite déterminée sera regardée comme nulle.

M. VIGNÈRES se charge de faire marquer les prix aux Catalogues des ventes qu'il a faites. Les personnes qui le désirent peuvent s'adresser à lui *franco*.

Plusieurs Amateurs éloignés en ont reconnu l'utilité pour les guider dans leurs achats sur les valeurs des Estampes.

Les Catalogues des Ventes à faire seront envoyés à toute personne qui en fera la demande *affranchie*.

Choix de Catalogues avec prix marqués

M. VIGNÈRES se charge des Commissions dans les Ventes de Livres et Estampes autres que les siennes.

CATALOGUE

ESTAMPES

COLLECTION THÉATRALE

1 Mœurs théâtrales par Oudry. 2. — Gavarni, noir et couleur; Pruche et autres. 61 p.

2 Galerie théâtrale. 5 p. par Henri Monnier, coloriées, toute marge.

3 Annales du ridicule. 5 caricatures théâtrales coloriées.

4 **Architecture théâtrale**. Théâtres antiques : Arles, Orange, Nîmes, Bordeaux, Milan, Rome, Pompéi, Vérone, etc. 82 p.

5 — Théâtres Comte, Bouffes, Ambigu-Comique, Folies, Gymnase, Cirques, Palais-Royal, Variétés, Théâtre-Lyrique, et autres. 39 p.

6. — Bordeaux grand théâtre, Vues et plans dessins grav. et lithog. noir et coloriés. 24 p. Projets de Brongniart pour Bordeaux et autres. 13. En tout 37 p.

7 — Plan d'Aiguesmortes, aquarelle; Théâtre d'Alger, photog. et autres vues et plans, 6. — Dunkerque, Fontainebleau, Guéret, plans, dessins et gravés, 14. — Lauzanne, Limoges, Loches, 10. En tout, 30 p.

Varin 12

30 **Opéra-Comique**. Grande scène de sept figures chez Bonnart, coloriée, rehaussée d'or. Grand in-fol. très-rare.

31 — Scénes, costumes noir et en couleur des principaux opéras-comiques. 105 p.

32 **Théâtre-Lyrique**, costumes et scènes. 13 p. — Bouffes parisiens, scènes, 11. En tout 24 p.

33 **Théâtre-Français** ancien, hôtel de Bourgogne, réunion de portraits de sociétaires, 12. — Corneille, scènes et costumes, 5. En tout 17 p.

34 — Racine, scènes théâtrales, vignettes. 51 p. — Molière, costumes et scènes d'après Boucher, 5. Moreau et autres, 81. En tout 132 p.

35 — Voltaire, scènes théâtrales 79 — Crebillon 8. — Beaumarchais 12. En tout, 99 vignettes et autres.

36 — Etienne, caricatures sur Conaxa noir et couleur. 11 p. rares.

37 — Auteurs divers : Casimir Delavigne, Scribe, V. Hugo, Dumas et autres, Scènes et costumes noir et couleur, vignettes, etc. 140 p. dans le portefeuille.

38 **Costumes d'acteurs** de la collection Martinet et autres : Gabriel, Galland, Gaston, Gauthier-Garguille, Gemma, Geoffroy, Geffroy, Gérard, aquarelle. 22 p. noir et couleur.

39 — Gonthier, Grailly, Grandmenil, Grandville, Gros-Guillaume, Guillot-Gorju, Guyon et autres. 42 p.

40 — Henri, Hyppolyte, Jemma, Klein. Joanny et autres. 46 p. noir et couleur.

B.

M.S.C. 8.

M.S.C. 3.

M.S.C. 20

15	41 — Jodelet en pied, sans marge. — Jodelet echappé des flammes, ép. sur vélin avec vers manuscrits. 2 p. gravures du temps très-rares.	4	Vig
5.50	42 — Joly par Singry, Vigneron, en pied, par C. Vernet, etc. 21 costumes. 26 p.	8	Vig
9.50	43 — Lacressonnière en pied par Delestre, avec dédicace ; Laferrière, Lafargue, Lafontaine, Laporte et autres. 33 p.	3	
18	44 — Lafon des Français, portraits et costumes. 26 p.	5.50	
10	45 — Lafont du Vaudeville. portraits et costumes. 26 p.	3.50	
12.50	46 — Larive, Paul Legrand à l'eau-forte, par Carjat. Leménil, Levassor, Lockroy et autres. 40 p. noir et couleur.	4.50	
9	47 — Frédéric Lemaître. — Lepeintre aîné et jeune. 36 portraits et costumes noir et couleur.	5	
9.50	48 — Ligier, portraits, costumes et charges. 17 p.	2.50	
10	49 — Marty, Matis, Mattheus, Menier, Menjaud Milon et autres. 40 p.	7.50	
9	50 — Mazurier, dans divers rôles. 7 p.	2	Vig
9.50	51 — Mélingue, par Gavarni et costumes, 20.	3	Vig
21	52 — Michelot — Michot, portraits et costumes. 11 p.	5	Vig
8.50	53 — Henri Monnier par lui-même, par Gavarni. portraits et en rôle. 5 p.	5	Vig
40	54 — Monrose père, 12 — Moessart. Molé, Monval, et autres portraits et costumes. 35 p.	11	
10	55 — Numa, Omer, Paul, Perrier, Perrin. 29 p.	2	
10	56 — Odry 11 — Perlet 8. Portraits et costumes. 19 p.	4.50	Vig

Darwin 7

Darwin 10

73 — Brohan mère — Augustine — Madeleine. Portraits et costumes. 23 p.

74 — Celeste, Champmelé, Cico, Clara, Clarisse, Contat, Cosson, Cuisot, Anna et Rose Chéri. 52 portraits et costumes.

75 — Clairon. 13 portraits et costumes.

76 — Dangeville la jeune, par Le Bas, d'ap. Pater.

77 — Déjazet par Gavarni, Léon Noël, Vigneron et costumes coloriés. 76 p. et fac-simile d'autographe.

78 — Doche 18 — Dorval 10 — Doze, 6 portraits et costumes. 43 p.

79 — Duchesnois. Portraits, costumes et charges. 26 p.

80 — Dumenil 3 — Dupont 8 — Dupuis P. Royal 10 — Adèle Dupuis Gaîté 2 — Duthé, dessin sanguine. 33 p,

81 — Dacosta, Delia, Demerson, Denain, Désirée, Desmares, Desmousseaux, Dormeuil. 39 p.

82 — Dubois, Duchaume, Dumouchelle, Durand, Duverger, Éléonore, Élomire, Esther, etc. 37 p.

83 — Fagueil 12 — Falcoz 3 — Favart — Sarah Felix — D. Fix et autres. 32 p.

84 — Fleury — Flore — Franconi — Sophie Gail — Gaussin — Gauthier — Genot — Geoffroy et autres. 32 p.

85 — Georges Weimer. Portraits et costumes. 35 p.

86 — Georges cadette, Gontier, Grassot, Grave, Grevedon, Gros, Guérin, Guyot et autres. 37 p.

4 . 50   87 — Guyon 14 — Habeneck, Henri, Ida-Dumas, Irma et autres. 36 p.   18

1 0   88 — Joly, Judith, Julienne, Juliette, Klotz, Laruette, Laurent, Legros et autres. 42 p.   25

6 . 50   89 — Lecouvreur 8 — Lemenil 9 — Lemonier, Lia Felix, Luther et autres. 33 p.   20

4   90 — Léontine 6 — Levert 10 — Mante 5 et autres portraits, costumes, charges. 23 p.   7

12   91 — Mars, portraits et costumes. 47 p.   30

8   92 — Maria, Marquet, Marthe, Martin, Maxime, Mélanie, Menjaud, Millot, Minette, Montaland, Moreau Sainti et autres. 58 p.   17 . 50

5 . 50   93 — Naptal-Arnault 6 — Nathalie 11 — Nelson, aquarelle par Rossi, d'ap. Nature. — A. Noblet 8 — Nougaret 5 — Ozy — Page — Paradol 7. En tout 40 p.   21

4   94 — Paul Ernest, Pauline, Périé-Candeille, Perrin, Pierson, Prévost et autres. 41 p.   20

2 . 50   95 — Plessy, par Grevedon, en pied, en couleur, par Lane, etc. 11 portraits et costumes. — Rabut. — Raimbaux. 13 p.   16 . 50

Vij   3 . 50   96 — Préville en pied, in-4. Gravure du temps avant toute lettre, rare.   12

11 . 50   97 — Rachel par H. Dupont, Devéria, Grevedon, Lasalle et autres portraits, costumes, charges. 42 p.   40

6   98 — Raucourt, gravée par Lingée, Malapeau, portraits et costumes. 8 p.   4. 50

8   99 — Regnault, Rey, Rivière, Saint-Ange, Sauvage, Scrivaneck, de Seine et autres. 48 p.   20

100 — Talma (Van Hove), Thénard, Théodore, Théodorine, Tousez, Valmonzey, Vautrin, Victorine, Volnais, et autres. 37 p.

101 — Jenny Verpré, par Grevedon et autres et costumes, 16 — Volnys (Léontine-Fay) par Berton, Grevedon 22 — Wattier, Wenzel et autres. 48 p.

102 **Danseurs, écuyers**. Albert, Ballon, Boswel, Espinosa et Chiarini. Dessins. 27 p.

103 — Ferdinand, Gardel, Gosselin, Mazillier, Milon, Noverre et autres. 35 p.

104 — Paul 8 — Perrot 4 — Petitpa 6 — Pécourt — Vestris jeune. Vigano et son enterrement et autres. 32 p.

105 **Danseuses, Écuyères**. Anatole, Balletti, aquarelle, Bigottini, Brocard, etc. 18 p.

106 — Camargo, par Cars, d'ap. Lancret et autres. 5 p.

107 — Camille, Caroline à cheval en couleur, Caroline-opera, Clara, etc. 11 p.

108 — Cerrito, portraits et costumes. 11 p.

109 — Dabadie, Carlotta de Vecchi, Dumilatre, A. Dupont, Mimi Dupuis et autres, 16 p.

110 — Ellzler (Fanny), par Devéria, en pied en couleur et autres, 13. — Thérèse Essler en pied, aquarelle signée : *R. Amédée fecit*, 1841. En tout 14 p.

111 — Elie, Flora Fabri, Fanny Bias, Ferraris, Fitz-James, Fuoco, Grahn (Lucile), Guimard, Guy-Stephan et autres. 34 p.

112 — Carlotta-Grisi, portraits et costumes. 15 p.

Vig	1	113 — Kenebel, rôle du sylphe sur un cheval ailé; très-rare.	9	
	2	114 — Lazy, Lejars à cheval, Camille Leroux, Pauline Leroux, Lola Montès par Vogt. 12 p.	14	
	2	115 — Montessu 10 — Maria 3 — Meguillet 2 — Plunkett 14 et autres. 28 p.	14	
3.50		116 — Noblet, par Grevedon et autres, 16. — Rosati. — Conception Ruiz. 23 p.	18	
1		117 — Sallé par Larmessin, d'ap. Lancret.	2.50	
3		118 — Taglioni, par Planas, rôle de Satanella et par divers dans la Sylphide. Portraits, costumes. 26 p.	23	
2		119 — Renaud cadette, Ronsi Vestris, Dolores Serral, Vigano, Zerbi et autres. 14 p.	8.50	
1		120 **Peintres** et architectes de théâtres, Galliari, Palladio, Sanquirico et autres. 6 p.	1	
Vig	1	121 **Musiciens**, Compositeurs. <u>Adam</u>, Angeleri, Arban, Artot, Asioli, Aubert, etc. 10 p.	16.50	B
Vig	5	122 — Séb. Bach, Baillot, Beethoven, Bellini, <u>Berlioz</u>, Berton, Boieldieu, Brod, etc. 24 p.	23	B
Vig	2.50	123 — <u>Carafa</u>, <u>Cherubini</u>, Choron, Cimarosa, Czerny, Dalayrac, F. David, Donizetti, Dussek et autres. 24 p.	10	B
Vig	7.50	124 — Elena, les sœurs Ferni, Furnagalli, Gatayes, Gluck, Godefroid, <u>Gretry</u> et autres. 26 p.	37	B
Vig	21	125 — Habeneck, <u>Halévy</u>, Handel, <u>Hayd</u>, Herold, Hummel, Julien, Kalkbrenner, Litz, Lully et autres. 33 p.	20	B
Vig	8	126 — Mandini, Mehul, Nicolo, <u>Meyerbeer</u>, les sœurs Milanollo, Mozart. Musard fils. 22 p.	31	B

B

B

B

B

B

B

42	127 — Pacini, Paer, Paganini, Paesiello et autres. 24 p.	2	Vig
15	128 — Rossini par Thevenin, Masson, Bayalos, Dupré, Grevedon, photog., etc., statues et charges. 19 p.	6	Vig
10	129 — Rousseau (J.-J.) par Langlois, in-4, et autres. 9 p.	2	
10	130 — Rameau, Reicha, Rolla, Sacchini, Sallieri, Spontini, Strauss, etc. 17 p.	9.50	Vig
10	131 — Tartini. Weber, Verdi, Viotti et autres. Pantheon musical; etc. 16 p.	2.50	Vig
18.50	132 **Auteurs dramatiques.** Ancelot, Arnault, E. Augier, Alfieri par Cipriani. Rados, etc. 25 p.	2.50	Vig
12	133 — Baif, Balzac, Beaumarchais, Boileau, Brazier, Byron et autres. 33 p.	3.50	
4.50	134 — Calderon, Cervantes, Chenier, Cogniard, Crebillon, etc. 16 p.	1	
28	135 — Corneille (Pierre) 8 — Thomas Corneille 6. En tout 14 p.	2.50	
11.50	136 — Dancourt, Delille, Deneux au physionotrace, Desaugiers. Deschamps, Diderot, Dupaty, Duvert et autres. 29 p.	2	
16	137 — Delavigne (Casimir). Gravés et lithog. 9 p.	4.50	
5.50	138 — Dumas (Alexandre) père. par Devéria, Moynet et autres. 13 p.	2	Vig
25	139 — Empis, d'Epagny, Etienne, Fontenelle, Th. Gauthier, Goethe, Goldoni, Gresset, Grim, Guizot et autres. 33 p.	3.50	
26	140 — Harel, Houssaye, V. Hugo, Janin, Jouy, Karr, Lafontaine, Lamartine, Laya, Lesage, etc. 38 p.	6	Vig

3		141 — Machiavel, Maffei, Marivaux. Marmontel, Métastase, Millevoie, Milton et autres. 23 p.	10
3.50		142 — Moliére, in-fol. par Beauvarlet et autres. La Fontaine Molière, etc. 21 p.	30
Vig	1	143 — Monti (Vincenzo). In-fol. gravé par Regazzoni.	3.50
2		144 — Monselet, Murger, Musset, C. Nodier, Nota, Palissot, Panard, Piis, Picard, Piron, etc. 25 p.	21
Vig	1.50	145 — Pixérécourt (Guilbert de), par Bosselman. In-8. rare.	6.50
2.50		146 — Ponson du Terrail, Quinault, Regnard, Romieu, Rotrou, Racine (Jean et Louis). En tout 34 p.	9.50
2		147 — Saint-Evremont, Schiller, Scribe, Shakespeare, Soulié, Tasse, Vatout, de Vigny et autres. 46 p.	10
7		148 — Voltaire, son triomphe par Duplessis. Grand in-fol. et portraits. 18 p.	13
4		149 — Femmes littéraires : Genlis, Girardin, Sand, Staël. et autres. 20 p.	13.50
5		150 Réunion de directeurs, d'auteurs, les Binettes du Figaro. Portraits anonymes, Vignettes, Costumes. Scènes théâtrales, etc. 56 p.	

ESTAMPES ANCIENNES & MODERNES

151 **Aérostats**. Portrait de Montgolfier. Expériences
de Blanchard, Charles, Robert, etc. 11 p. — 24

152 **Bar**. Costumes des ordres religieux et militaires. 26 p. coloriées et texte petit in-fol. — 1 . 50

153 **Bois**. Grand nombre de portraits d'actrices,
d'acteurs de scènes théâtrales et autres, tirés de
journaux illustrés. Plus de 500 p. — 2

154 **Callot**. Les Misères de la guerre. 18 p. — 5

155 **Caricatures**. Gavarni, Daumier, Cham, etc.
175 p., la plupart ép. du journal. — 2 . 50

156 **Claude-Lorrain**. Le Naufrage (R. D. 7). — Le
Port de mer au fanal (11). — Le Pont de bois
(14). 3 p. bonnes ép. — 12 . 50

157 Costumes de théâtre de Martinet, de la
1re collection, gravés. 34 p. — 10

158 — de Martinet, lithog. coloriées. 92 p. — 8 . 50

159 — Théâtre de Paris, Album théâtral, Theatrical
Times. 100 p. — 1 . 50

160 — Modes de femmes, coloriées. 167 p... — 1

161 **Eaux-fortes**. Flamande, Houbraken, Schut,
Soutman, etc. 14 p. — 7

162 — italiennes : Carrache, Castiglione, Maratte et
autres. 30 p. — 4 . 50

163 **Ecole allemande**. Saint Sébastien de Wolge-
muth. — Les trois figures à mi-corps attribuées
à M. Schong, etc. 3 p. — 2 . 50

164 **Ecole flamande**. Les Dieux de la fable dans des niches, de Goltzius, et autres de Sadeler, Teniers, etc. 39 p.

165 **École française**. Bellange, Callot et autres. 27 p.

166 — XVIII⁰ siècle, d'ap. Greuze, Pierre, Vanloo, etc. 5 p.

167 **École italienne**. Cherubin Albert, Caraglio et autres. 30 p.

168 — d'après Tintoret, Titien, P. Véronèse. 16 p.

169 **Gatine**. Costumes de femmes, Toilette de bal, et habillements des femmes de différents métiers; promenades aériennes, le bon Genre. etc. 63 p. coloriées. 2 lots.

170 **Girard**. Louis-Philippe Ier, roi des Français. Grand in-fol. en pied, superbe ép. avant la lettre, toute marge.

171 **Girodet** (D'ap.). Sapho. 16 p. au trait et texte.— Les Amours des dieux, 16 lithog. sur chine. 32 p.

172 **Jacques** (Charles). Différents sujets à l'eau-forte, 28 p., plusieurs rares.

173 **Lafage**. Cahier de 8 p. in-fol. avec des frises. Bacchanales e plusieurs à la feuille et autres, grand in-fol.

174 **Leclerc**. Les Batailles d'Alexandre, d'ap. Le Brun. 5 p. belles ép.

175 **Lithographies**. Sujets divers, Vues et Paysages, Sujets religieux coloriés. 140 p.

176 **Marc-Antoine** et son école. La petite Vendange, la petite Peste, Abraham et Isaac et autres. 12 p.

Chiaron

Chiron

Chiron
Sapho

?. Graf... 40   M. D. Ch. 6.

Demo 11

...

Lin

Michel 22

Liu

Charon

Michel 25

177 — Martyre de sainte-Félicité, les Lutteurs, les Grimpeurs, Alexandre faisant serrer les livres d'Homère. 5 p.

178 **Michel-Ange** (D'ap.). La grande Léda. — Emblème de la vie humaine, fac-simile de dessins et autres. 8 p.

179 **Moreau le jeune** (D'ap.). Dernières paroles de J.-J Rousseau par Guttemberg, avant la lettre et avec. 2 p.

180 **Odevaere**. Raphaël — Rembrandt. 2 portraits in-fol. avant toute lettre, toute marge.

181 **Ostade**. Le Joueur de violon bossu (B. 44). — La Fête sous l'arbre. — La Famille et autres. 5 p.

182 **Oudry**. Animaux, Sujets de chasse. 15 p.

183 **Parmesan** (D'ap.). Fac-simile de dessins et compositions diverses d'ap. lui. 23 p.

184 **Petits-Maîtres**. Marcus Curtius de G. Pencz. — Porte-étendard d'Alaert Claas et autres. 14 p.

185 **Pièces historiques**. Entrée de Louis XIV et de la reine en 1660. 5 p. formant frise, superbes.

186 — Les échevins présentant un volume à Louis XIV et autres. 9 p.

187 — Époque de la révolution, Prise de la Bastille et autres. 40 p.

188 — Sujets divers sur Napoléon 1er. 18 p.

189 — Batailles et sujets divers de toutes époques. 86 p.

190 — Molière lisant son Tartuffe. — Réunion des principaux artistes dramatiques. — Clairon, rôle de Médée et autres. 5 p. grand in-fol.

191 **Portraits** en couleur. Marat, J.-J. Rousseau, Acteurs et Actrices, etc. 9 p.

192 **Portraits** lithographiés grand in-fol. Artistes, Musiciens, Actrices. 10 p.

193 — anciens et modernes, d'ap. Cochin et autres. 55 p.

194 — d'acteurs et d'actrices in-12 et in-8, dessinés à la plume. Environ 170 p.

195 — Acteurs et Actrices anglais et français, grav. et lithog. de divers formats, plus de 500. Formera plusieurs lots.

196 — Clowns, grimaciers, etc. 14 p.

197 — Musiciens gravés et lithog. 80 p.

198 — Baucher, Lejars et autres écuyers — la Fête-Dieu, etc. — La Bénédiction des maisons, manière noire avant la lettre et autres. 12 p. grand in-fol.

199 — Foy — Lafayette — Walter Scott. 3 p. in-fol.

200 Galerie de la Presse et autres. 40 p.

201 Galerie de Versailles, portraits en pied. 36 p. des doubles.

202 **Henri IV** en pied par Goulu. — Statue par Brissart. — Chez le Meunier. — Sa Mort, par Ransonnette. 4 p. gr. in-fol.

203 **Napoléon** au mont Saint-Bernard, par Longhi et autres, par Maile, Reynolds, etc. 4 p. in-fol.

204 **Prudhon** (D'ap.). La grotte avec la tablette. La Loi — l'Égalité et autres. 10 p.

R. 15

Dower 17

Chiroun
[illegible]
Nou

R. 45

Pinson 15

Pinson 30   Dower 21

M. . C. 5

T. [?] chiroun   R. 19   Dulo 20

205 — La Liberté, la Vertu aux prises, la Raison parle et autres. 5 p. — 8

206 **Raphaël** (D'ap.). Jugement de Pàris — Adam et Eve — Sainte Famille, etc. 7 p. — 2.50

207 **Regnault**. Les Écarts de la nature; monstruosités, phénomènes de la nature. Manquent n°s 24 et 38. En tout 39 p. coloriées et titre. — 4

208 **Rembrandt**. Résurrection de Lazare avant-dernier état — Annonce aux bergers, Circoncision et autres. 7 p. originales et 6 copies et d'après lui. En tout 13 p. — 8.50

209 **Reynolds**. L'Amour désarmé, Cornélie et les enfants, Saint-Jean, etc. 10 p. — 10.50

210 **Ribera**. Saint Jérôme étonné de la trompette. — Le Christ mort au pied de la croix. 2 p. — 2.50

211 **Rigaud**. Vue de Chantilly et de Versailles, et autres. 37 p. — 17.50

212 **Saint-Aubin** (D'ap.). Le Bal paré, par Duclos. Doublé. — 29

213 **Savart**. Condé — Fénelon — Rabelais et J.-J. Rousseau de Ficquet. 4 portraits avec marge. — 6

214 **Silvestre** (Israël). Vues de Paris, de France et d'Italie. 91 p. — 31

215 **Stella**. Sujets bibliques. 4 p. en bois. — 1.50

216 **Tiépolo**. Fuites en Egypte et autres sujets religieux. 9 p. — 6

217 **Woeriot**. Ducs de Lorraine. 18 p. en rond. — 1

218 **Vignettes** pour Arioste, d'ap. Eisen, Moreau, par Bartolozzi et autres. 43 p. des doubles. — 3

219 — pour Télémaque. 25 p. avant la lettre d'ap. Marillier. Grand in-8. — 21

220 — pour les Contes de La Fontaine, d'ap. Marillier, 8 p. — pour les Fables, 16 p. de Perdoux.
24 p.

221 — Suite de 12 p. d'ap. Bergeret, pour les Fables.
Très-belles ép. grand papier — Pour les Contes,
9 p. d'ap. Hersent, in-4. En tout, 21 p.

222 — pour Racine, d'ap. Garnier. 13 p. avant la
lettre,

223 — pour Racine, d'ap. Gérard. 12 p, avant la
lettre. — La même suite avec la lettre. 24 p.

224 — pour Regnard. 24 p, avec la lettre, d'ap. Marillier.

225 — pour Richardson. 22 p. par Chodowiecki.

226 — pour Rousseau. 64 p. à l'eau-forte pure d'ap.
Moreau.

227 — pour Rousseau. 19 p. in-4, quelques doubles.

228 — pour divers ouvrages, d'après Moreau. 68 p.
à l'eau-forte pure.

229 — d'après Binet, Eisen, Gravelot et autres.
115 p.

230 — anglaises, Vues. 35 p.

231 — modernes, Costumes. Bois, etc. 425 p.

232 — Johannot, Raffet, etc. 115 p.

233 — Vues de France et d'Italie et autres. 120 p.

234 Châteaux de France. 33 p. lithog. in-fol.

235 Vues des bords du Rhin. 24 vues in-4 coloriées,
montées en dessins.

236 **Divers**. Vues gravées et lith., vignettes en bois.
Environ 80.

chiaror 7'
S: Complee.

chiaror M.d.C. 7. T

chiaror M.d.C. 6
5o

chiar. M.d.C. 6. T 20
5o

M.d.C. 5

M.d.C. 7. T
Subm 25   R. 20   M.d. C 8.

M.d. C. 5   T 15
R. 25   M.d.C. 12   Mah:5

M.d. C. 12

M.d. C. 12
M.d. C. 6,

Pinson 10

Gegaux 16. R 10
Lив

Gegaux 10

DESSINS ANCIENS

237 ANONYME. Adoration des Mages. Grande esquisse à l'huile sur papier, collée sur carton.

238 ÉCOLE ALLEMANDE. Durer, Holbein, Lucas de Leyde. 3 dessins.

239 ÉCOLE FLAMANDE. Agricola, aquarelle, Backuysen Koeckoeck, S. de Vlieger, etc. 12 marines, 2 lots.

240 — Animaux, d'ap. Berghem et autres. 10 p.

241 — Bloemaert, Fyt, Goltzius, etc. 8 p.

242 — Blykooft, Huytenburg, Batailles. 7 p.

243 — Antonissen, Cabel, Glauber, Van Huysum et autres paysages. 8 dessins.

244 — Both, Bril, Niculant et autres. 8 p.

245 — Moucheron, Neve, Rademaker, etc. 8 p.

246 — Brauwer, le Joueur de violon. Crayon de couleur sur vélin.

247 — Breughel, plume et bistre. 5 p.

248 — Bega, Dujardin, Collaert et autres. 10 p.

249 — Cuyp, Genoels et autres paysages. 8 p.

250 — Diepenbeke. Sujets religieux. 9 p.

251 — Van Dyck. Sujets religieux par et d'après. 10 p.

252 — Lucas de Malines, Crayer et autres, Sujets religieux. 6 p.

253 — Gildemeester, 1776. Memento. Allégorie ornée de fleurs. Charmante aquarelle.

254 — Goyen, Heusch et autres. 8 paysages.

255 — Kobell, paysages. 8 p.
256 — F. Boll, Koning. 7 dessins,
257 — Honthorst et autres. 6 dessins.
258 — Laar, Lairesse, etc. 6 p.
259 — Luyken, Massacres et autres, 6 p.
260 — Leduc, Van Helmont, et autres. 7 p.
261 — Lievens. 5 dessins à la plume.
262 — Meycring, Molenaer et autres paysages. 8 p.
263 — Metzu, Netscher, etc. 9 dessins. Pourra être divisé.
264 — Ommeganck, Opstal, Orley. 8 p.
265 — Van Os. Vase de fleurs à l'encre de Chine.
266 — Van Falens, Lingelback et autres sujets d'animaux. 6 dessins.
267 — P. Potter, Roos, Animaux. 4 dessins.
268 — Ostade et autres, Buveurs, etc. 8 p.
269 — Palamèdes, Repas de seigneurs, aquarelle. — L'Étoile des rois, au bistre. 2 dessins.
270 — Rembrandt, par et d'après. 8 p.
271 — Rubens, par et d'après. 15 dessins. Pourra être divisé.
272 — Rothenhamer, Hoet, et autres. 6 dessins.
273 — Sadeler, Schutt et autres sujets religieux.
274 — Schotel, Braekelaer, etc. 6 dessins.
275 — Van Stry, figures en pied crayon noir et de couleur. 7 dessins.
276 — Téniers et autres, Tabagies, 6 par et d'après.
277 — Troost, Pinacker, Quellinus, etc. 6 p.
278 — Van der Ulft, Th. Wyck. 7 dessins.
279 — Waterloo, Verschuring, Velde, etc. 8 p.
280 — Vander Werf, Thulden, Schut et autres. 8 p.

[illegible]

Disu.   R 25

5.50   Desea
Desea   R. 10

281 — M. de Vos, Stradan, Spranger, etc. 8 p. *13*

282 — Différents maitres des Ecoles flamandes. 30 p. Seront divisées. *40*

283 ÉCOLE ESPAGNOLE. Murillo. — Ribera. — Velasquez. Sujets religieux, 11 dessins, *3*

284 ÉCOLE FRANÇAISE ANCIENNE. Philippe de Champagne. 8 dessins. *5.50*

285 — Jouvenet. Jésus guérissant les malades. *10*

286 — Paysages, par divers. 5 dessins. *4*

287 — Brebiette, Lafage, M. Corneille, etc. 15 p. *9*

288 — Leclerc, Lesueur, Puget, etc. 12 p. *28*

289 ÉCOLE FRANÇAISE, XVIIIe SIÈCLE. Bouchardon, Duquesnoy. 7 dessins. *2.50*

290 — Boucher. La Laitière, Femme nue vue de dos. 2 dessins, crayon noir. *folio* *16*

291 — Casanova, Échard. 6 dessins. *14*

292 — Cochin, Denon, Deshaies, Després, etc. 6 p. *23*

293 — Fragonard, Gillot, Greuze, Huet. 6 p. *30*

294 — Le Prince. 4 dessins. *2*

295 — La Rue, Mouchet et autres. 6 p. *21*

296 — Parrocel, Cavaliers. 2 dessins. *2.50*

297 — B. Picart, Valenciennes, etc. 10 dessins. *6.50*

298 — H. Robert. Paysages. 7 dessins. *7*

299 — Vanloo, Pierre. 5 dessins. *3.50*

300 — Saint-Aubin, Saint-Non, Watteau, Wille. 4 dessins. *3*

301 — Michau et autres. 8 dessins. *7*

302 ÉCOLE FRANÇAISE MODERNE. Marie-Antoinette. — Madame Élisabeth et Tête de vieillard. 3 Dessins anonymes. *3*

303 — Andrieux, P. Leconte, Darjou. 6 sujets militaires.

304 — Drouais, Gérard, Guérin, etc. 6 dessins.

305 — Johannot, Prud'hon, Scheffer. 8 dessins.

306 — Charlet, Bellangé, Carle et Horace Vernet. 7 dessins.

307 — Marine et Paysages. 5 dessins.

308 ALBERT (Alfred). Costumes de théâtre, Aquarelles et Croquis. 70 p.

309 DRANER. Costumes, Charges des corps militaires d'Angleterre, 3. Autriche, 2. Belgique, 5. France, 14. Hanovre, 1. Hollande, 1. Piémont, 1. Prusse, 4; en tout 31 aquarelles très-comiques.

310 GÉRICAULT. Chevaux, Tombeau aux braves du 45e de ligne, académie. 3 dessins.

311 GRANDVILLE. Charges de personnages à têtes d'animaux, 24 dessins, aquarelles, signés J.-J. Grandville, montés dans un bel album maroquin rouge, filets, tranche dorée, 2 fermoirs, étui.

312 LAMI (Eugène). Course en char au Champ-de-Mars. Aquarelle.

313 LORSAY (Eustache), 1847. Portrait en pied de mademoiselle Laure Lambert. Très-belle mine de plomb.

314 VIDAL. La Quêteuse. Jolie aquarelle.

315 Album d'aquarelles, sujets, paysages. 20 p.

316 ÉCOLE ITALIENNE. Albane, Allori, Bassan et autres. 10 dessins.

317 — B. Bandinelli ou M.-Ange. Étude de torse et jambe à la plume. — 3.50

318 — Benvenuto Cellini. Tête à la plume.

319 — Boschi, Chimenti et autres. 6 dessins. — 2.50

320 — Camasei, Cangiase et autres. 6 dessins. — 6.50

321 — Cantarini, Sirani et autres. 6 p. — 4.50

322 — Carrache (Les). Charges et autres. 11 p. — 10

323 — J. de Carpi, C. Cignani et autres. 6 p. — 5

324 — B. Castiglione, Cirro Ferri, etc. 8 p. — 10.50

325 — P. de Cortonne, Creti, Garofalo, etc. 6 p. — 8.50

326 — Dominiquin, Gennaro, etc. 6 p. — 2.50

327 — Guerchin par et d'après. 6 dessins. — 1.50

328 — Guido Reni, le Josépin et autres. 6 p. — 12

329 — Diamantini, Labelle, Molinari et autres. Sujets mythologiques. 6 p. — 4.50

330 — Canaletti, Guardi, Palmerius, etc. 18 p. — 14

331 — Jules Romain, A. del Sarte, École de Raphaël. 7 dessins. — 6.50

332 — Carle Maratte et autres, sujets religieux. 6 p. — 3

333 — Palma, Primatice, etc. 6 dessins. — 2.50

334 — Parmesan. Études de têtes à la plume et autres. 4 dessins. *très bons* — 4.50

335 — Polydore. Bas-reliefs, frises. 5 dessins. — 5.50

336 — Procaccini, Sasso Ferrato. 6 dessins. — 3.50

337 — Salviati, Schiavone, etc. 6 dessins. — 3

338 — Tempesta, P. Teste, Tiepolo. 8 p. — 7

339 — Tintoret. Sujets religieux. 6 p. — 2

340 — Tofanelli, Trevisani, Vanni, etc. 6 p. — 2.50

341 — Zucchero et autres maîtres divers. 16 dessins. — 4

342 DIVERSES ÉCOLES. Sujets religieux, 14 dessins.

343 — Sujets mythologiques et autres. 18 p.

344 — Sujets historiques et paysages. 20 dessins.

345 Croquis, Dessins divers, Crayons; plume, etc. Environ 200 p.

346 Portefeuilles de la collection.

SUPPLÉMENT

Les Pièces composant les numéros suivants ont été remises après le Catalogue composé.

347 **Balechou.** La Force, Madame Aved. 2 portr.

348 **Desplaces.** Mlle Duclos, d'apr. Largillière, de la collection Naumann.

349 **Drevet.** Adrienne Lecouvreur. Très-belle ép.

350 **École italienne,** d'ap. Corrége, Raphaël et autres. 46 p.

351 **Leveillé.** L'Escamoteur, pièce en couleur. Sans marge.

352 **Lithographies.** Paysages, Sujets et Eaux-fortes modernes. 72 p.

353 — H. Vernet et autres. 30 p.

354 — Costumes de divers pays, la plupart en couleur. 36 p.

355 **Ornements.** Emblèmes, Fleurons, etc. Envi- 100 p.

Nourir 10

Serres 8   Lind   Mourir 10

Słowo 11

356 **Paysages**, d'ap. Guaspre Poussin, par Heydeck.   2
18 p.; et par Perelle, 21. En tout 39 p.

357 **Pièces historiques**. Louis XVI, Marie-An-   7 . 50
toinette, Prise de la Bastille, etc. 21 p.

358 **Photographies**. Vues de cathédrales et autres   4 . 50
sujets, Statues. ~~59~~ p. 64 p

359 **Portraits** divers, Femmes, Actrices et autres   19
célébrités; environ 120 p. 3 lots.   29   Vig

360 **Smith**. Attention, Inattention. 2 p.   5 . 50

361 **Testa** (Pietre.) Compositions diverses à l'eau-   11 . 50
forte. 107 p.

362 **Tresca**. Point de convention, la Folie du jour.   19 . 50   Vig
2 p. Très-belles ép.

363 **Watteau** (D'ap.) Têtes et Portraits, eaux-fortes.   11
par Boucher et autres. 20 p.

364 — Costumes, Études de figures, fac-simile de   20
dessins à l'eau-forte. 21 p.

365 — Le Tête-à-Tête, la Finette, Heureux âges. 3 p.   8 . 50

366 — L'Accord parfait, la Cascade. 2 p.   17

367 — La Diseuse d'aventure, par Cars. Très-belle   16
ép.

368 — L'Amour au théâtre italien, par Cochin.   8 . 50

269 — L'Été, l'Hiver en travers, la Proposition em-   15
barrassante. 3 p.

370 — L'Indiscret, Retour de guinguette, Agréments   14 . 50
de l'été et autres. 16 p. 2 lots.   14

371 **Vernet** (D'ap. Carle). Les Merveilleuses, les   15   Vig
Incroyables, l'Anglomane, l'Inconvénient des
perruques. 4 p.

372 — Costumes français et anglais. Gr. in-fol., par   5 . 50
Levachez.

3   373 **Wille** (D'ap.). La Petite Javotte, la Mère Brigitte. 2 p.

8   374 DESSINS de diverses Écoles. Crayon, sanguine et autres. 49 p.; pourra être divisé.

7. 50   375 — Transparents; Incendies, Illuminations, Feux d'artifice, Clair de lune. 5 p. gr. in-fol.

Renou et Maulde, imprimeurs de la Compagnie des Commissaires-Priseurs, rue de Rivoli, 144.   22314

43 Etrangers   3 - 10
248 France ...   17 - 36
14. Paris ...   9 - 22
220 a Lasqurien   10
                    ‾‾‾‾‾‾‾
657   39 - 68

     Honoraire   155 -

X 7.11.m montagu . 25   1 - 75
                    ‾‾‾‾‾‾‾
                     196 - 45

www.ingramcontent.com/pod-product-compliance
Ingram Content Group UK Ltd.
Pitfield, Milton Keynes, MK11 3LW, UK
UKHW031803170726
13836UKWH00003B/1152